Noor Ki Dastan

|| लफ़्ज़ों की खूबसूरती ||

Ishita Pandey

BookLeaf Publishing

India | USA | UK

Made with ❤ on the BookLeaf Publishing Platform
www.bookleafpub.in
www.bookleafpub.com

Dedication

I dedicate this book to all the unspoken emotions, lost moments, and untold feelings that could never be expressed in words. It is for those relationships, no matter how they unfolded, that still live on in a quiet corner of the heart.

To all the souls who have loved, endured pain, yet never stopped believing in love. And above all, to those who have the courage to give voice to the whispers of their hearts. Embrace these verses, treasure them in the vault of your heart, and realize that poetry holds the most beautiful truth of life.

This book is yours, a reflection of your emotions. <3

Preface

शायरी सिर्फ़ अल्फ़ाज़ नहीं, यह दिल का हाल बयान करने वाली एक ज़ुबान है। यह ख़ामोशियों में छुपे एहसासों को आवाज़ देती है, दर्द को सुकून में बदलती है और मोहब्बत को एक नई पहचान देती है।

यह किताब उन्हीं लम्हों का संगम है—जहाँ इश्क़ सांस लेता है, जहाँ जज़्बात खुलकर बहते हैं, और जहाँ हर लफ़्ज़, दिल की धड़कन जैसा महसूस होता है। हर शेर एक कहानी है, हर ग़ज़ल एक सफ़र। कुछ अशआर आपके ज़ख्मों पर मरहम रखेंगे, कुछ बिछड़े लम्हों की याद दिलाएँगे, और कुछ आपके दिल के किसी अनकहे कोने को छू जाएँगे।

यह संकलन उन सभी के लिए है जो शब्दों में जज़्बात तलाशते हैं, जो दर्द में भी ख़ूबसूरती देखते हैं, और जो मोहब्बत को सिर्फ़ महसूस नहीं करते, बल्कि उसे जीते भी हैं। हर पन्ना एक नए अहसास का दरवाज़ा खोलेगा—कभी हौले से मुस्कुराएगा, कभी दिल की गहराइयों तक उतर जाएगा।

इन शेरों को अपनी साँसों में बसाइए, इन्हें अपने दिल की तिजोरी में संजोइए और महसूस करिए कि शायरी में ही तो ज़िंदगी की सबसे ख़ूबसूरत सच्चाई बसती है।

मुहब्बत और शायरी के साथ ,
ईशिता (आपकी नूर ✧) |

Acknowledgements

Behind every word in this book lie untold stories and the support of some invaluable people. People who left, People who stayed, people who made me feel.

First and foremost, I am deeply grateful to my family and friends, whose love and encouragement gave me the strength to infuse truth into every word.

I also extend my gratitude to all the readers who feel my poetry, embrace it, and find their emotions reflected in it. Your love is the greatest meaning of this journey. A heartfelt thanks to those moments that arrived sometimes as pain, sometimes as smiles, and played a role in shaping this book.

Thank you all! ♥

यह शहर और दिवाली !

सजा है आज ये सहर दिवाली मनाने को!
तुझे पता है? कई अरसों से मैंने दिवाली नहीं मनाई!
मन दौड़ता है काटने को,
तुझे पता है? कई सालों से मैंने इसकी रिहाई नहीं कराई!
आशिक़ बना फिरता हूँ मिटाने वजूद को,
तुझे पता है? लम्हों ने इस मन की सुनवाई नहीं कराई!
इश्क़ ने ऐसा रुलाया इन आँखों को,
तुझे पता है? वक्त के साथ इन आँखों ने ख़ूबसूरती है गवाई!
चल मर मिट मैं भी जाता तेरा होने को,
तुझे तो पता ही होगा! तूने इस नाचीज़ की क्या खूब कदर है दिखाई!
बस बस ज़्यादा नहीं लिखूँगा,
मनाई थी तेरे साथ एक रोज़ दिवाली,
सजा है आज ये सहर दिवाली मनाने को!
वो आख़िरी थी,
कई बरसों से मैंने दिवाली नहीं मनाई!
कई बरसों से मैंने दिवाली नहीं मनाई!

~ दिल (जो आज भी निकम्मा सा है, मायूस सा है)

तमन्ना !

कि तमन्ना नहीं कि अब तुम्हें अपना बनाए !
ये चाँद गवाह है,
कि रातें गुज़री तेरे इंतज़ार में ,
ये आँखें गवाह हैं,
कि हर शख्स में ढूँढ़ा है तुझे ,
ये बाँहे गवाह हैं,
कि तड़प गईं तुझे गले लगाने को ,
ये संसार गवाह है,
कि हर इंसान से जाकर मैंने तेरा ज़िक्र किया है ,
ये बादल गवाह हैं,
कि हर रोज़ मैंने तेरी याद में इनको मेरे साथ बरसने को कहा है ,
ये तारे गवाह हैं,
कि हर टूटते तारे से मैंने सिर्फ तुझे माँगा है ,
ये दिल गवाह है,
कि हर सांस में मैंने सिर्फ तुझको चाहा है ,
पर अब थक चुका है मन, थक गया हूँ तुझे खुद में ढूँढ़ते ढूँढ़ते , बस
इतनी सी तमन्ना है ,
कि तमन्ना नहीं कि अब तुम्हें अपना बनाए !
कि तमन्ना नहीं कि अब तुम्हें अपना बनाए !
~ इश्क़ और तमन्नाओं में जूझता ये दिल !

इक रात चादर तले ?

इक रात तेरी चादर तले?
क्या दोगे जगह मुझे अपनी आँखों तले?
क्यों याद नहीं मैं तुझे अब इस कदर?
क्यों नहीं करता तू मेरा ज़िक्र दर-बदर?
मुस्कान में अपनी पहले तू देता था मुझे जगह?
अब क्यों नहीं महसूस होती मुझे तेरी वह रज़ा?
हर रोज़ क्यों तू मुझे देता था एक नई वजह जीने की?
हर रोज़ क्यों मैं जीने लग जाती थी सोच के तेरी याद की?
आ जाती थी क्यों मैं दौड़ते हुए, पहने तेरी दी हुई पायल?
क्या आज भी मेरी यादें, मेरी बातें तुझको करती हैं कायल?
बहुत सवाल पूछ लिए ना मैंने?
एक आख़िरी पूछूँ?
सच-सच जवाब दोगे?
क्या...
इक रात चादर तले?
क्या दोगे जगह मुझे अपनी आँखों तले?
एक आख़िरी बार?
एक आख़िरी बार?

~ सवाल जवाब की सिलसिलों में उलझा हुआ दिल !

इकरार और मोहब्बत !

हाँ!

हाँ, मैं यहीं रुक जाऊँगी, तेरे पास हमेशा के लिए!

हाँ, मैं नहीं छोड़ूँगी तुझे प्यार से डाँटना।

हाँ, मैं ता-उम्र सिर्फ़ तेरे ही ख़्वाब की ग़ुलाम रहूँगी।

हाँ, जब भी इश्क़ की दास्तान सुनूँगी, **सबसे हसीन हमारा इश्क़ है**, ये चिल्ला-चिल्लाकर सबको बताऊँगी।

हाँ, मैं तेरे ख़्वाबों में आकर तेरे सारे दर्द मिटाने की जद्दोजहद करती रहूँगी।

हाँ, मैं तेरे नाम को हमेशा अपने होठों पर सजाए रखूँगी।

हाँ, मैं तेरी एक छुअन से अपने सारे दुख भूल जाया करूँगी।

हाँ, मैं तेरी आँखों में डूबकर वो सारे सपने पूरे करूँगी, जो मैंने तेरे साथ देखे हैं।

हाँ, मैं तेरे लिए अपने सारे हसीन, खूबसूरत पलों को क़ुर्बान कर दूँगी।

तू बस "हाँ" तो कर...

ज्यादा कुछ नहीं, बस...

हाँ, मैं ता - उम्र सिर्फ़ तुझसे मोहब्बत करती रहूँगी।

हाँ, ये इकरार है मेरा, हाँ, ये इकरार है मेरा।

~ मजनूँ कह लो या आशिक़ !

ये सुबह !

ये सुबह आज कुछ अलग थी...
हाँ, आज आँख खुलते ही तेरी याद साथ नहीं थी।
हाँ, आज सबसे पहली ख़्याल तेरी नहीं थी।
शायद दिमाग़ को समझ आ चुका था कि तू मेरा नहीं।
पर उस दिल का क्या?
जो तेरा नाम सुनते ही धड़कने लगता है?
उस दिल का क्या?
जो आज भी तेरी मुस्कान देखकर मुस्कुराने लगता है?
उस दिल का क्या?
जो हर शाम सिर्फ़ तेरे आने की राह देखता है?
उस दिल का क्या?
जो शायद पहला ख़्याल तेरा न हो, मगर पूरा दिन बस तेरा ही सोचता
है?
हम्म... समझाना पड़ेगा उस दिल को...
उसे समझाना होगा कि तुझे भूलना पड़ेगा।
भूलना पड़ेगा उसे जो तेरा नहीं है...और समझना होगा इसे।
कि... हाँ, ये सुबह आज कुछ अलग थी...
ये सुबह कुछ अलग थी।

~ सुबह से शाम में जलता दिल !

खोज !

नहीं...ज़िंदगी भर का साथ है या नहीं, ये नहीं पता मुझे,
पर यही रहूँगी एहसासों में, इतना ज़रूर वादा कर सकती हूँ।
जो चली गई दूर मैं कभी ,
तो अपनी यादों में खोज लेना मुझे।
जो न मिली तेरे क़रीब कभी,
तो अपनी साँसों में खोज लेना मुझे।
जो न सुन पाओ मेरी आवाज़ कभी,
तो मेरे गीतों में खोज लेना मुझे।
जो छोड़ दूँ तेरा हाथ कभी,
तो ख़्वाबोंमें एक बार कस के थाम लेना मुझे।
जो कभी ना भी दिखूं तुम्हें,
तो बादलों में खोज लेना मुझे।
जो मेरे बिना कभी पड़ जाएँ आँखें नम तेरी,
तो बारिशों में खोज लेना मुझे।
तू थोड़ा सा मुझे हर जगह खोजते रहना, वहीं रहूँगी तेरे पास हमेशा।
ज़िंदगी भर का साथ है या नहीं, ये नहीं पता मुझे, पर यही रहूंगी साथ
तेरे...
यही रहूंगी साथ तेरे...

~ दिल की खोज से एहसासों तक की दास्तान !

थोड़ा तू, थोड़ी मैं !

चल ठीक है,
कर लेना थोड़ी शिकायतें तू,
थोड़ी मैं कर लूंगी।
तू आएगा जब-जब थक के,
तुझको बाहों में भर लूंगी।
तेरी ज़िद के घेरों में फँस के,
थोड़ी शरारतें मैं भी कर लूंगी।
चल,
ज़्यादा सताऊंगी नहीं इस बार,
बस ....
थोड़े इत्तेफ़ाक,
कुछ पल, कुछ इश्क़
और
कुछ सच लेकर...
कर लेना
थोड़ी शिकायतें तू,
थोड़ी मैं कर लूंगी,
ठीक है?

~ शिकायतों के सिलसिलों में फंसा मन !

ज़रूरी था !

तुझसे लाख झगड़े होने के बाद भी,
तेरे पास आना क्या ज़रूरी था?
तेरी आखों में आँसू देखके,
मेरी जान जाना क्या जरूरी था?
तु मेरे पास ना होके भी,
मेरे इतने करीब महसूस होना क्या जरूरी था?
तेरे मुस्कुराने से,
मेरा मुस्कुराना क्या जरूरी था?
तेरे ना चाहते हुए भी,
मेरा तुझसे बिछड़ना क्या जरूरी था?
एक आखरी बार,
तेरे गले लगना क्या जरूरी था?
हम दोनों के सफर शायद यही तक के थे,
तेरे बगैर जीना भी क्या जरूरी था?
मोहब्बत भी जरूरी थी,
और क्या बिछड़ना भी जरूरी था?
क्या बिछड़ना भी जरूरी था?

~ ज़रूरतों के हादसे में जूझता दिल !

बोलो न !

मुझे जानना है,
क्या तुम्हारी आँखें,
सिर्फ मेरी आँखों को देखना चाहती हैं?
क्या तुम्हारे एहसास,
सिर्फ मेरे शरीर की खुशबू पसंद करते हैं?
क्या तुम्हारी सोच में,
सिर्फ मैं ही होती हूँ?
क्या *I LOVE YOU,*
सिर्फ तुम मुझसे सुनना पसंद करते हो?
क्या तुम्हारी बाहें,
सिर्फ मेरी कमर को खींचकर अपने पास लाना चाहती हैं?
क्या तुम्हारे चाय की कप,
मेरे होंठों से लगकर तुम्हारे होंठों तक जाना चाहती हैं?
मुझे बता दो, क्या तुम,
सिर्फ मुझसे प्यार करते हो?
सिर्फ मुझसे प्यार करते हो?
बोलो न?

~ तुम्हारे जवाब के इंतज़ार में !

एक आख़िरी बार !

एक आख़िरी बार जी लेने दे मुझे, तेरे संग, यहीं तेरी बाहों में...
अगर पता होता कि ,
वो आख़िरी बार था जब तुझे गले लगा रही थी,
तो और कसकर तुझे गले लगा लिया होता।
अगर पता होता कि ,
वो आख़िरी बार था जब तेरी आँखों में खुद को देख रही थी,
तो तेरी आँखों में हमेशा के लिए खुद को बसा लिया होता।
अगर पता होता कि ,
वो आख़िरी बार था जब तेरी बाहों में थी,
तो शायद तेरी बाहों को ही अपना घर बना लिया होता।
अगर पता होता कि ,
वो आख़िरी बार था जब तेरे इतनी क़रीब थी,
तो तुझे खुद से कभी दूर जाने ही नहीं दिया होता।
अगर पता होता कि , तुझसे इतनी मोहब्बत हो जाएगी,
तो शायद उस रात तुझे रोक लिया होता , हमेशा के लिए अपने पास।
पर अब जब ये एहसास हो ही गया है, तो एक बार...
सिर्फ़ एक आख़िरी बार, जी लेने दे मुझे... तेरे संग,
यहीं, तेरी बाहों में...
यहीं, तेरी बाहों में...
~ तेरी इजाज़त के इंतज़ार में !

वो !

हवा के झोंके सी थी वो, जनाब,
वर्ना यूँ हम खुद से रुख़्सत न होते।
क़ातिल नैन उनके, शराब से भी ज़्यादा नशीले,
वर्ना उनके नशे में यूँ चूर न होते।
होंठ उनके—क्या कहें, जनाब, तरसाते ऐसे,
वर्ना यूँ उनकी चाहत में प्यासे न होते।
ज़ुल्फ़ों की तो क्या ही बात करें, जनाब, हवाएँ भी जिन्हें लहराने को
बेकरार रहती हैं,
वर्ना हम भी यूँ हवाओं के मोहताज न होते।
फूल क्या हैं, उनकी ख़ुशबू के आगे?
वर्ना यूँ उनकी ख़ुशबू में महरूम न होते।
पायल उनकी इस क़दर छनकती है, मानो कोई कली गुनगुना रही हो,
वर्ना यूँ हर गली में उनके दीवाने न होते।
जनाब... जनाब... जनाब.... उनकी मुस्कान की तो क्या ही बात करें,
उनकी मुस्कान पे जान क़ुर्बान है,
वर्ना यूँ हम उनसे इश्क़ न कर बैठे होते।

~ महरूम मजनू !

तेरी बात !

कि अब तेरी बात नहीं होती...
हाँ, पहले जैसी अब तेरी याद नहीं आती।
दिन ज़रूर बीत जाता है,
पर अब रातों में, तारों में वो चमकान नहीं होती।
थक कर ज़रूर अब सो जाया करती हूँ,
पर अब दुख में तेरी याद नहीं आती।
खिलखिला कर ज़रूर हँस दिया करती हूँ लोगों की बातों पर,
पर अब चेहरे पर सुकून वाली मुस्कान नहीं होती।
दोस्त तो बहुत बने,
पर अब किसी से मुलाक़ात नहीं होती।
तुझे देखने को पहले ज़रूर बेताब रहा करती थी,
पर अब दिल में वो ख़याल भी नहीं आती।
तेरी गलियों से अक्सर गुज़र जाया करती हूँ,
पर अब दिल की धड़कनें तेज़ नहीं होतीं।
कि अब तेरी बात नहीं होती,
हाँ, पहले जैसी अब तेरी याद नहीं आती !
हाँ, पहले जैसी अब तेरी याद नहीं आती !

~ उजड़े हुए ख़यालों की दास्तान !

इश्क़ की बाज़ी !

उसे थोड़ा-थोड़ा खो रही थी मैं,

हाँ, इश्क़ की बाज़ी हार रही थी मैं।

जो मुझे उदास देखकर मुस्कुराकर गले लगाया करता था,

वही आज नज़रें फेर कर सब कुछ छोड़ने को कह रहा था।

उसे थोड़ा-थोड़ा खो रही थी मैं.....हाँ, इश्क़ की बाज़ी हार रही थी मैं !

जो उस चाय की प्याली में अपने प्यार की मिठास घोल देता था,

वही अब चाय पीना छोड़ रहा था।

उसे थोड़ा-थोड़ा खो रही थी मैं.....हाँ, इश्क़ की बाज़ी हार रही थी मैं !

जिसकी आँखों में झांककर सारे डर, सारे दर्द मिट जाया करते थे,

वही आज नज़रे फेर रहा था।

उसे थोड़ा-थोड़ा खो रही थी मैं.....हाँ, इश्क़ की बाज़ी हार रही थी मैं !

जो मुझे गले लगाकर अक्सर रो दिया करता था,

उसे आज एक कोने में बैठे, खामोशी से रोते देखा।

उसे थोड़ा-थोड़ा खो रही थी मैं.....हाँ, इश्क़ की बाज़ी हार रही थी मैं !

जो मोहब्बत की गहराई मुझे समझाया करता था,

उसे आज उसी गहराई में खोते देखा... उसे थोड़ा-थोड़ा खो रही थी,

हाँ, इश्क़ की बाज़ी हार रही थी मैं !

हाँ, इश्क़ की बाज़ी हार रही थी मैं !

~ हारा हुआ ज़ख़्मनवीस !

सब तेरा !

वक़्त गुज़र गया, शामें बीत गईं,
लगा था जीना मुश्किल होगा...
फिर रातें बीत गईं।
मैख़ाना गुज़र गया, शराब छोड़ दी,
लगा था होश में नहीं आऊंगा...
फिर यादें छोड़ दीं।
साल गुज़र गया, दीवारें लांघ दी।
लगा था मुश्किल होगा छोड़ना...
फिर तेरी ये ख़ुदाई वार दी।
तू ते मैं, मैं ते तू... लगा था आऊंगा नहीं,
फिर वही गलियों में घूमते-फिरते.....
तुझ पर ये ज़िंदगी वार दी ।
तुझ पर ये ज़िंदगी वार दी ।

~ तुझे जो नाम सही लगे, वो दे दे,
(सब तेरा ही है, सब तेरा ही है !)

हम मिलेंगे !

जब ज़िंदगी की भागदौड़ से तंग आकर, एक-दूसरे की गोद में सुकून
तलाशेंगे,
हम तब मिलेंगे।
जब शामें सुबह होने से इंकार कर देंगी, उन ठंडी रातों की आगोश में,
हम तब मिलेंगे।
जब दूरियाँ दिलों में एक टीस छोड़ जाएँगी, और उनकी भरपाई सिर्फ़
एक मुलाकात से होगी,
हम तब मिलेंगे।
जब तन्हाइयाँ रातों में घुट-घुट कर दम तोड़ने लगेंगी,
हम तब मिलेंगे।
जब शक की दीवारें, मोहब्बत के भूकंप से ढह जाएँगी,
हम तब मिलेंगे।
जब ये दिल एक-दूसरे से दूर रहकर थक चुका होगा और गुस्से की
आग शांत हो चुकी होगी,
हम तब मिलेंगे...
हम तब मिलेंगे...

~ मिलने की राह देखता ये दिल !

नादान दिल !

कैसे समझाऊँ इस नादान दिल को?

तेरे संग जो शाम गुज़ारी,

वो काफ़ी थी रात भर के सुकून के लिए,

पर उस सुबह का क्या करूँ, जहाँ तू मेरा नहीं है?

उस सुबह का क्या करूँ, जिसमें तू मेरे साथ नहीं है?

ये जो एक पल मिलकर तू हर सुबह की मुश्किलें बढ़ा जाता है,

उसका क्या करूँ मैं?

तेरी यादें रातों को तो सुला देती हैं, पर सुबह होते ही फिर बेचैन कर

जाती हैं।

तेरी मोहब्बत का उजाला था जो, अब वही मेरे अंदर के अंधेरे को और

गहरा कर रहा है।

कभी तुझे पाने की आरज़ू थी, अब तुझे भुलाने की कोशिश है,

पर इस नादान दिल को कैसे समझाऊँ?

कैसे समझाऊँ कि कुछ मुलाकातें अधूरी रह जाएं तो ही अच्छा होता

है?

कैसे समझाऊँ इस नादान दिल को?

कैसे समझाऊँ इस नादान दिल को?

~ नादान दिल की आह !

जद्दोजहद !

कभी-कभी मेरे दिल में ख़याल आता है कि.....
तुम होते तो ऐसा होता!
तुम होते तो वैसा होता!
तुम होते तो यह कहते, तुम होते तो ऐसा करते!
तुम सामने होते तो इकरार करते, ना होते तो शिकायतें बरकरार
रखते!
तुम पास आते तो मुस्कुराकर मुझे चूम लिया करते, और
दूर जा रहे होते तो अपनी आँखों के कोनों को नाम कर लिया करते!
तुम मेरी आँखों की खूब तारीफ़ किया करते,
और ना देख पाने पर इनमें डूब जाने के बहाने सौ बताया करते!
तुम एक रोज़ बहाने से मेरे सामने आ जाया करते, और
एक गरम चाय साथ पीने की ख़वाहिशें अता करते।
दिल एकदम नादान है, किसी की नहीं सुनता,
दिल बातें बनाता रहता है कि.....
तुम होते तो ऐसा होता!
तुम होते तो वैसा होता!

~ दिल जो आज भी तुझे भुलाने की जद्दोजहद में है !

तुम्हारा साथ !

जीवन के इस सफर में तुम्हारा साथ चाहिए...
भटकते रहे जीवन की राह पर,
किस्से सुनाते रहे लोगों को हम—
हम ऐसे, हम वैसे।
भागते रहे सब कुछ हासिल करने के पीछे,
जताते रहे सबको,
कि ये मेरा है, वो मेरा है।
ढूंढते रहे अपनों को,
कोशिश करते रहे कि किसी को गले लगाएँ,
और वो हमारा निकल जाए।
फिर थक गए...
भागते-भागते,
भटकते-भटकते,
सबको गले लगाते-लगाते।
अब बस हार कर एक दुआ माँगने लगे हैं,
कि,
जीवन के इस सफर में तुम्हारा साथ चाहिए...
बस तुम्हारा साथ चाहिए!

~ भटका हुए अवारा !

मुसाफ़िर की तलाश !

आज यहाँ, कल वहाँ,
बस तेरी तलाश में...
मुसाफ़िर कह लो या राहगीर...
घर की तलाश में हूँ,
ना रास्तों में ठिकाना, ना ही किनारे की कोई आस...
बस तुम मेरी पनाह बन जाओ,
जब तक इस दिल को ठहरने की आदत न हो जाए।
जब तक ये मुसाफ़िर अपना पक्का ठिकाना न पा ले,
जब तक तेरे दिल को भी मुसाफ़िर न बना लूँ
फिर साथ में खोजेंगे एक आशियाना...
दिल से निकले,
मुसाफ़िर तक जाने वाली ये हसीन दास्तान,
आज यहाँ, कल वहाँ,
बस तेरी तलाश में...
बस तेरी तलाश में...

~ राहगीर तेरी तलाश में !

वो शाम !

उस शाम का एक क़िस्सा बयान करूँ?

तू वही था साथ में, पास मेरे!

चाहता तो रोक लेता, रोक लेता मुझे ख़ुद से दूर जाने से!

चाहता तो पूछ लेता, पूछ लेता इस दिल का हाल!

चाहता तो देख लेता मुझे, देख लेता मेरी आँखों की नामी को!

चाहता तो थाम लेता, थाम लेता मुझे जब मैं उठने लगी जाने के लिए!

चाहता तो गले लगा लेता, गले लगा के रोने देता मुझे!

ख़ैर…..वहीं थी मैं !

अपने जहाँ को …

थोड़ा बिखरता देखा, थोड़ा सम्भालता देखा,

वक्त को ज़रा थमता देखा, आँखों के आँसू को बहते देखा,

तुझे फर्क न पड़ते देखा,

दिल को समझा के उठने लगी जब मैं, तो क़दमों को लड़खड़ाते देखा।

दिल टूट गया, साँसें थम गईं, सब ख़त्म हो गया, जब तेरी तरफ़ देखा,

कहती रही ख़ुद से— ***"तूने क्यों नहीं संभाला?"***

जबकि तू वही था,

तू वही था साथ में, पास मेरे !

~ बयान किया गया एक क़िस्सा !

ना हम, ना तुम !

जहाँ सारे क़िस्से शुरू किए थे,
आज सब यहीं छोड़ के जा रही हूँ।
हाँ, दिल दुखा थोड़ा,
हाँ, आँसू भी बहे थोड़े,
पर ख़ुद के ख़ातिर ये कर के जा रही हूँ।
हाँ, इश्क़ हुआ, थोड़ी नफ़रत भी की,
पर दिल के ख़ातिर ये क़िस्से ख़त्म करके जा रही हूँ।
ज़रूरी होता है कुछ चीज़ों का अंत होना,
एक बेहतर शुरुआत के लिए—
ये मन को समझाए जा रही हूँ....
कि नहीं रहेगा अब ये आशियाना,
ना हम, ना तुम...
जहाँ सारे क़िस्से शुरू किए थे,
आज ..
सब यहीं छोड़ के जा रही हूँ,
सब यहीं छोड़ के जा रही हूँ...

~ दिल, जिसे अब सब पता है—
वो जी लेगा !